This book was first written in English
and then translated into French by the author
so that it could be presented in a bilingual edition.

# Praise for *Life in Suspension*

*Dappled with transparent imagery, like the Mediterranean sunlight she grew up with, Hélène Cardona's poems offer a vivid self-portrait as scholar, seer and muse.*

—JOHN ASHBERY
(winner of the Pulitzer Prize, National Book Award, Griffin International
Poetry Prize, MacArthur "Genius" Grant, and a National Humanities Medal)

*Hélène Cardona keenly understands poetry's insistence that we slow down, downshifting into a more measured and conscious pace. Her powerful poems are written line by certain line, which is how her readers gratefully experience them.*

—BILLY COLLINS, *former U.S. Poet Laureate*

*These spare, open-hearted poems reveal Hélène Cardona's astonished universe and give us a "glimpse into a world full of light."*

—DORIANNE LAUX
(author of *The Book of Men*, winner of The Paterson Prize, and
*Facts About the Moon*, winner of The Oregon Book Award)

*Hélène Cardona's poems explore the roiling mysteries on the indistinct borderlines of spiritual landscapes, natural elements, and singular private visions. Surprising, upsetting and, ultimately, uplifting.*

—LAWRENCE KASDAN
(Oscar nominated screenwriter and director,
*Star Wars, The Big Chill, Raiders of the Lost Ark*)

*A tour de force of language and phonetics; a deeply felt and deeply spiritual collection which explores the universal human experience from a very personal point of view. This is intimate poetry, and yet it transcends the mundane through its lyricism and its glory in language. Hélène Cardona's pen moves from the human to the divine and back in a single sentence, and the result is uplifting and magical.*

—JOANNE HARRIS
(best-selling author of *Chocolat*)

*In this bilingual edition of her poems Hélène Cardona is our contemporary ecstatic, time-traveler, and shape-shifter. Behind the dreamlike atmosphere of her poems lies a fierce will to discover beauty, to resurrect ancient enchantments, and to defend enigmas of the spirit. "I like transforming into an animal, / devouring who I was," she writes. Her luminous poems celebrate the imagination's power to dignify and exalt our highest yearnings.*

—LEE UPTON

(winner of a Pushcart Prize, the National Poetry Series, two Awards from the Poetry Society of America, and the Miami University Novella Award)

*Hélène Cardona is a woman of many languages. You will hear the tones of an elegy, a prayer, and most of all, the fairy-tale. I was moved by these pieces. As Hélène shows us, together with Hafiz, "this place where you are right now, God circled on a map for you."*

—ILYA KAMINSKY

(author of *Dancing in Odessa*, winner of the Whiting Award, the American Academy of Arts and Letters Metcalf Award, and a Ruth Lilly Fellowship)

*The poems are wonderful and in so many ways continue the vision and conversation of my favorite poet, the D.H. Lawrence of* Birds, Beasts & Flowers. *"The Winter Horse" is very much in my thoughts these days.*

—DONALD REVELL

(winner of the National Poetry Series, the Lenore Marshall Award, two PEN Center USA Awards in Poetry, the Gertrude Stein Award in Innovative American Poetry)

*Poems that explore whole worlds – embracing and beautiful.*

—OLYMPIA DUKAKIS

(Oscar winner)

*Un recueil émouvant, original, sensible. Travail d'orfèvre auquel on ajouterait sans hésiter le mot beau ! J'ai particulièrement apprécié "Ouranoupolis Pantoum."*

—COSTA-GAVRAS

(Oscar winning writer and director, *Missing, Z, Music Box*)

*Hélène Cardona's poems sing to the spirit of things and to the things of Spirit. Each delicious word and sentence is worth savoring, and makes a feast for the soul. A compelling read. I could not put it down!*

—ALBERTO VILLOLDO

(best-selling author of *Shaman, Healer, Sage, One Spirit Medicine*)

**salmon**poetry

*Celebrating 35 Years
of Literary Publishing*

# HÉLÈNE CARDONA

# Life in Suspension
## *La Vie Suspendue*

A BILINGUAL COLLECTION

Published in 2016 by
Salmon Poetry
Cliffs of Moher, County Clare, Ireland
Website: www.salmonpoetry.com
Email: info@salmonpoetry.com

ISBN 978-1-910669-29-7

COVER ARTWORK: *We Are All Immortal* by Alexandra Eldridge
– alexandraeldridge.com –
COVER DESIGN & TYPESETTING: *Siobhán Hutson*
*Printed in Ireland by Sprint Print*


*Salmon Poetry gratefully acknowledges the support of*
*The Arts Council / An Chomhairle Ealaoín*

*For John,*

*my constant companion,*
*with all my love.*
*Some search their whole lives for that elusive other*
*who is simply the perfect mirror.*
*We are beyond fortunate we found each other.*

*In memory of my mother Kitty,*
*for her love and light,*

*In gratitude to my father José Manuel,*
*the poet from Ibiza, el cisne vallisoletano,*
*my brother Rodrigo, grandmother Mami*
*and all my ancestors.*

*In memory of Diann Blakely, kindred spirit*

# Acknowledgements

I am deeply thankful to John Ashbery, Richard Wilbur, Billy Collins, Dorianne Laux, Lawrence Kasdan, Lee Upton, Ilya Kaminsky, Joanne Harris, Donald Revell, Olympia Dukakis, Costa-Gavras, Alberto Villoldo, Daniel Simon, Thomas MacCarthy, David Mason, Anna Leahy, Christopher Merrill, Yves Lambrecht, Elena Karina Byrne, Marie Lecrivain, Marc Vincenz, Daniel Lawless, Gabriel Arnou-Laujeac, and Sydney Pollack for their inspiration and support. Gracious thanks to Jessie Lendennie and Siobhán Hutson at Salmon Poetry for delivering this book into the world. And my endless gratitude to my angel John FitzGerald for all the magic.

Many thanks to the following Journals & Anthologies where many of the poems first appeared, sometimes in different incarnations:
JOURNALS: *The Warwick Review, Plume, Terrain.org: A Journal of the Built & Natural Environments, Dublin Review of Books, Mad Hatter's Review, From the Fishouse, Fulcrum, Spillway, The Más Tequila Review, The Original Van Gogh's Ear Anthology, Thrush Poetry Journal, One, Edgar Allan Poet Journal, Poetic Diversity, Poetry East-West, Beetroot Journal, Connotation Press: An Online Artifact, Recours au poème, California Quarterly, Pirene's Fountain, Mediterranenan Poetry, Asian Signature, The Blue Max Review, Ruminations, Knizevno Ziitie, Mythic Passages, Levure Littéraire, Life and Legends, Emma Gunst, The Poetry Bus, Glimpses Journal.*

ANTHOLOGIES: *Read Women: An Anthology*, Ed. Carolann Madden, Carly Joy Miller, Amanda Fuller; *Even the Daybreak: 35 Years of Salmon Poetry*, Ed. Jessie Lendennie; *Illuminations: Expressions of the Personal Spiritual Experience*, Ed. Mark Tompkins and Jennifer McMahon; *Dead and Undead Poems: Zombies, Ghosts, Vampires and Devils*, Ed. Tony Barnstone and Michelle Mitchell-Foust; *Wide Awake: Poets of Los Angeles and Beyond*, Ed. Suzanne Lummis; *Rubicon: Words and Arts Inspired by Oscar Wilde's De Profundis*, Ed. Marie Lecrivain; *Fathers and What Must Be Said*, Ed. Gene Barry; *World Poetry Yearbook 2013*, Ed. Ming Di; *Thrush Poetry Journal: An Anthology of the First Two Years*, Ed. Helen Vitoria; *For Rhino in a Shrinking World*, Ed. Harry Owen; *Love's Peripeteias*, Ed. Micheál Ó Coinn and Lisa McCourt; *Van Gogh's Ear*, Vol 9, Ed. Tina Faye Ayres; *Heavenly Hymns*, Ed. Gopakumar Radhakrishnan; *Dove Tales: Writing for Peace*, Ed. Carmel Mawle; *Intimacy: An Anthology*, Ed. Richard Krawiec; *Spirit of the Horse: An Equine Anthology*, Ed. Leah Maines; *Anthesis: 9th International English Poetry Collection*, Ed. Gopakumar Radhakrishnan; *Beyond the Lyric Moment: An Anthology*, Ed. Jim Natal, Lynne Thomson, Cathie Sandstorm; *XXI Century Literature*, Ed. Asror Allayarov; *World English Poetry*, Ed. Sudeep Sen.

# Table des Matières

# Contents

# III

# IV

# III

# IV

# Foreword

HÉLÈNE CARDONA tells us that the poems of *Life in Suspension* were first conceived in English, then rendered into French. Yet for such a many-languaged mind as hers, the "translations" must have been there from beginning. It seems, in any case, that each poem fully exists in two tongues at once, and this adds to the book's great charm and visionary quality.

—RICHARD WILBUR
Winner of two Pulitzer Prizes

# I

*This place where you are right now*
*God circled on a map for you.*
                    —HAFIZ


*I will have the gardeners come to me and recite*
*many flowers, and in the small clay pots*

*of their melodious names I will bring back*
*some remnant of the hundred fragrances.*

                    —RAINER MARIA RILKE

# À Kitty, qui aimait la mer
# et Somerset Maugham

*Car quoi qu'on perde (comme un toi ou un moi)*
*C'est toujours soi que dans la mer on trouvera*
              —E.E. Cummings

L'ange aux senteurs de mon enfance
Ma mère, piano et hautbois
Dont le visage se reflète sur l'icône
Cheveux auburn, tel un Modigliani
Les yeux couleur de pluie
Volée par la lumière
Et son absence qui ravive sa présence
Son rire qui enflamme la neige
Son souffle chaud que je respire encore
Et ce matin au réveil
Le parfum des gardénias qui murmurent
*Je ne t'ai jamais quittée*

# To Kitty, Who Loved the Sea and Somerset Maugham

*For whatever we lose (like a you or a me)*
*It's always our self we find in the sea*

                    —E.E. Cummings


The angel who smells of my childhood
My mother, piano and oboe
Whose face the icon reflects
Auburn hair like a Modigliani
Eyes the color of rain
Light caught by surprise
Whose presence the absence reveals
Whose laughter burns snow
Whose warm breath I breathed
This morning as I woke
The scent of gardenias whispering
*I never left you*

# Travail d'orfèvre

Si je pouvais rassembler toute la tristesse du monde,
toute la tristesse enfouie en mon sein
à l'intérieur d'une gourde,
je la secouerais de temps en temps
pour qu'elle chante
et me rappelle qui j'étais.
Je la bénirais pour ce qu'elle m'a appris
et la regarderais avec amour
pour qu'elle ne s'échappe pas de son récipient.

# Woodwork

If I could gather all the sadness of the world,
all the sadness inside me
into a gourd,
I'd shake it once in a while
and let it sing,
let it remind me of who I used to be,
bless it for what it taught me
and stare at it lovingly
for not seeping out of its container.

# Ma mère Ceridwen

La lumière sur l'icône
— vision onirique —
son âme en bordure des ténèbres
dans un chaudron magique toujours plein,
jamais épuisé,
qui la ramène à la vie,
gardée par un serpent doré
lové tel un œuf,
le serpent cosmique rassemblant
les forces intérieures,
l'aube d'un tout nouveau voyage,
l'aperçu d'une femme  mystérieuse
et insaisissable, couronnée de belles-de-jour.
C'est ainsi qu'elle atterrit sur la page,
penchée, le regard tourné vers l'espace,
nichée en moi
et cet infini ciel bleu éclairant son visage.

# My Mother Ceridwen

The light on the icon,
the way I see her in my dreams,
the core of her at the edge of darkness
in a magic cauldron always full —
never exhausted —
that brings her back to life,
guarded by a golden serpent
coiled in the shape of an egg,
the world snake marshalling
inner reserves,
the seed of a new journey,
a glimpse of a mysterious and elusive
woman crowned with morning glories.
This is how she lands on the page,
slanted, looking out in space,
integrated within me
save the blue sky across her face.

# La Vie Suspendue

Je me présente, si vous le voulez bien.
Je suis la Collectionneuse de souvenirs,
votre compagne et guide spirituelle.
Déroulons le temps, effeuillons le passé.
Vous invoquez vos souvenirs, me les livrez en offrandes,
je les jette dans le feu, dans le chaudron des dénouements.
Parmi les cendres tournoyantes, naissent des papillons qui
vous guérissent, vous libèrent de vos chaînes, vous redé-
couvrent pour vous réinventer. Que la danse commence.

Je suis dans le ventre de ma mère à Paris.
Elle a peur, je veux sortir de là.
J'ai trois ans, à Terracina, Italie.
Je partage une chambre avec quatre filles.
Mon grand-père vient d'arriver de Grèce, tient mon frère
    sur ses genoux
et dit, *enfin un garçon, les filles ne me passionnent guère.*

J'ai quatre ans, à Monte Carlo.
Ma mère m'emmène à l'école.
Un pigeon me chie sur le foulard.
Elle me console, *ça porte chance.*
J'ai cinq ans, à Karben, Allemagne.
C'est la Saint Nicolas, mon anniversaire.
Marieluise me gave de *Lebkuchen, Stollen et Pfeffernüssen.*
Je suis au paradis.

# Life in Suspension

Let me introduce myself.
I'm the Memory Collector, your companion and spirit guide.
Let's unwind the clock, peel the past.
The reflections you give me, conjure, surrender from within,
I throw into the fire, the cauldron of resolutions.
They burn into embers and flickers that evolve into butterflies.
They flutter away, heal and free you of all chains
so they can revisit and reinvent who you are.
Let the dance begin.

I'm in my mother's womb in Paris.
She's scared. I want to get out.
I'm three years old in Terracina, Italy, sharing a room with
    four girls.
My grandfather visits from Greece.
He holds my brother on his lap
and says, *a boy at last, I'm not impressed with girls.*

I'm four years old, in Monte Carlo.
My mother takes me to school.
A pigeon poops on my scarf.
She reassures, *it brings good luck.*
I'm five years old, in Karben, Germany.
It's Saint Nicholas day, my birthday.
Marieluise feeds me Lebkuchen, Stollen and Pfeffernüssen.
They taste like heaven.

J'ai six ans, en classe de danse classique à Genève.
Je casse mes pointes.
Le maître de ballet russe m'initie au grand art de lier
douleur et plaisir.
Je sais à présent que tous deux nichent ensemble dans ma tête.
J'ai sept ans, dans les Alpes suisses, je fais des
bonshommes de neige, skie, cherche les œufs de Pâques.
Ma mère rit puis dit, *ton père ne peut rester seul.*
J'ai huit ans, dans le Jura.
Je suis folle de mon chien, je joue aux échecs avec mon père.
Je suis en extase.

J'ai neuf ans, à Tarragone.
Ma grand-mère et moi allons au marché
acheter les coings amers et âcres qu'elle adore.
J'ai dix ans.
Mon cousin me noie dans les belles eaux bleues
de la Méditerranée espagnole parce que je lui ai jeté du sable.
Ma tête heurte le fond de la mer, mes poumons manquent d'air.
J'ai pour dernière pensée, *personne ne sait où je suis.*

J'ai onze ans.
Ma mère fait des confitures d'abricots, de fraises, de pêches
et de prunes. Elle a rempli la maison du parfum grisant
des gardénias. Mon frère pique une nouvelle crise de nerfs.
J'ai douze ans, cours de maths. C'est une crise de fou rire
    permanente.

I'm six years old in ballet class in Geneva, breaking my
    point shoes.
The Russian master ingrains in me the correlation
between pleasure and pain.
I now know the two centers sit next to each other in the brain.
I'm seven years old, in the Swiss Alps, making
snowmen, skiing, hunting for Easter eggs.
My mother laughs then says, *your father can't be left alone.*
I'm eight years old, in the Jura mountain, in love
with my dog, playing chess with my dad.
I'm ecstatic.

I'm nine years old.
My grandmother takes me to the market in Tarragona
to buy the bitter and pungent quince she craves.
I'm ten years old.
My cousin drowns me in the beautiful blue waters
of the Spanish Mediterranean because I threw sand at him.
My head hits the hard bottom, all the air's gone from my lungs.
My last thought is, *no one knows I'm here.*

I'm eleven years old.
My mother makes jam with apricots, strawberries, peaches
    and plums.
She's filled the house with the intoxicating scent of gardenias.
My brother throws another temper tantrum.
I'm twelve years old in math class, mad with laughter.

J'ai treize ans.
Le Conservatoire de Musique de Genève est pure magie,
un monde enchanté que j'habite seule, clé de mon âme.
Ma prof de piano croit tant en moi.
J'ai quatorze ans, à la lisière des mondes.
Ma tante a épousé un fasciste. Il a saisi mon père à la gorge.
C'est le milieu de la nuit. C'est bruyant. Impossible de dormir.

J'ai quinze ans, au Pays de Galles, chevauchant un fabuleux
cheval qui galope vers le nord, le long de falaises
étourdissantes, le vent celte m'ensorcelle,
laissant mes désirs s'envoler dans la poussière du galop.
J'ai seize ans, je pars pour San Diego, la Californie.
Ma mère est en pleurs à l'aéroport de Paris.
Elle me brise le cœur mais l'appel est plus fort.

J'apprends à ne pas m'attacher, à apprécier ce que j'ai,
à croire en la magie du temps qui transforme,
que tout arrive à son heure.
Je suis en symbiose avec mes os.
La richesse de l'espace et sa densité me ravissent,
me transportent, me font osciller, vibrer. Je deviens le son
de cloches tibétaines, écho flottant dans le cosmos.
Je perçois le monde entier, la vie suspendue.

I'm thirteen years old.
The Music Conservatory in Geneva is sheer magic,
an enchanted world I inhabit alone, the key to my soul.
My piano teacher has such faith in me.
I'm fourteen years old, between worlds.
My aunt married a fascist. He grabs my dad by the throat.
It's the middle of the night. It's loud. I can't sleep.

I'm fifteen years old, in Northern Wales,
riding a fabulous horse along stunning steep cliffs,
racing him to full gallop in bewitching Celtic wind,
relinquishing cravings in the dust.
I'm sixteen years old, off to San Diego.
My mother cries at the Paris airport.
She breaks my heart but the pull is stronger.

I'm learning to let go, trust the ripeness of the moment.
That everything happens at the right time.
To appreciate what I have.
I'm connected to my bones,
filled with the richness and texture of space, uplifted,
vibrating, reverberating. I become the sound
of Tibetan bells, echoing and hovering in the cosmos.
I perceive the whole world below, life in suspension.

# Diablotin itinérant

*Certains jours une ombre à travers*
*La haute fenêtre partage ma Prison.*
　　　—Geoffrey Hill


Ma vie est un diaporama
　　projetant la même image
　　　　toujours et encore,
un monde tout illuminé entraperçu
　　derrière des barreaux,
　　　　un monde qui s'échappe vers le nord, vers le sud
tandis que je regarde l'Ange,
　　transpercée,
　　　　éblouie par la blancheur du temps.

# Peripatetic Gremlin

*Some days a shadow through*
*The high window shares my Prison.*
　　　　—Geoffrey Hill


My life is a slide show
　　projecting the same image
　　　　again and again,
a glimpse into a world full of light
　　from behind bars,
　　　　a world that escapes North and South
as I stare at the Angel,
　　transfixed,
　　　　blinded by whiteness of time.

# Braise

*Nous sommes faits de poussières d'étoiles*
         —Carl Sagan

J'invente le tout dernier nombre, puis en
ajoute un, de sorte qu'il ne se termine jamais,
élargissant l'espace du royaume de l'irréel,
spectacle chimérique de la matière noire.

Je suis cuivre dans le labyrinthe où
minéraux et loups soupirent — l'océan
ma sagesse — stupéfaite, inondée
d'auréoles, une sorte d'ésotérique rayon.

Je dessine l'univers mathématique, forge
des équations dans les vents stellaires — bambou
en dents de scie — experte en lois des forces
constantes, l'infini qui propulse les balles du Cosmos.

# Embers

*We are made of stellar ash*
   —Carl Sagan

I conceive the last number,
then add one, so it never ends,
making extra space in the unsubstantial,
chimeric spectacle of dark matter.

I am copper in the labyrinth
where minerals and wolves breathe —
the ocean my wisdom — astounded,
mired in halos, a recondite sort of ray.

I map the mathematical universe, forge
equations into stellar winds — serrated
bamboo — cognizant of power laws, infinity
triggering bullets from the Cosmos.

# El recuerdo

*Je parle espagnol à Dieu, italien aux femmes,*
*français aux hommes, et allemand à mon cheval.*

—Charles V

La première fois que j'ai séjourné chez ma tante à Paris,
je vivais encore près de Genève.
Son petit studio était perché au sommet
d'un vieil immeuble en pierre sur un boulevard fréquenté.
C'est là que j'ai bu dans un bol pour la première fois.
Elle avait un chat et un fauteuil à bascule.
J'ai pensé, comment peut-on préférer une ville
à la splendeur des Alpes ?
La première fois que j'ai rendu visite à mes grands-parents
à Tarragone, par moi-même, j'avais à peine six ans.
Ma grand-mère m'a offert un biscuit, simple et unique,
comme je n'en ai trouvé nulle part ailleurs
et prononcé le mot magique, *galleta*.
C'est le premier mot qu'elle m'a appris.
Nous avons regardé un jeu à la télé: *el juego de la oca*
furent les nouveaux mots qui parvinrent à mon oreille.
C'est ainsi qu'enveloppée d'amour inconditionnel
j'ai découvert la langue de Cervantes
et de Dieu, comme on la nomme.

# El Recuerdo

The first time I visit my aunt in Paris,
I still live near Geneva.
She perches in a tiny studio
atop an old stone building on a busy boulevard.
There I drink from a bowl for the first time.
She has a cat and a rocking chair.
I think, why would anyone choose a city
over the splendor of the Alps?
The first time I visit my grandparents in Tarragona
on my own, I'm barely six.
My grandmother offers me a unique and plain cookie
of the kind I haven't encountered anywhere else
and utters the magic word, *galleta*.
This is the first word I learn with her.
We watch a game on TV, *el juego de la oca*,
and these become the next words.
That is how, enveloped in unconditional love,
I discover the language of Cervantes
and of God, as it's been called.

# Une maison navire

Je vis dans une maison navire
    tantôt sur terre, tantôt sur mer.
J'existe à coups de volonté
    m'abandonne et invite la grâce du ciel.
J'obéis à l'appel de la sirène.
    Sur le bateau fantôme
je ne sais si je suis vague
    ou nuage, ondine ou goéland.
Fouettée par les vents, je m'agrippe bien au mât.
    Rares sont ceux qui reviennent du voyage.
Désormais j'ai pour habit la mémoire du néant
    une pièce de voile blanche en guise de seconde peau.

# A House Like A Ship

I live in a house like a ship
    at times on land, at times on ocean.
I will myself into existence
    surrender, invite grace in.
I heed the call of the siren.
    On the phantom ship
I don't know if I'm wave
    or cloud, undine or seagull.
Lashed by winds, I cling tight to the mast.
    Few return from the journey.
I now wear the memory of nothingness
    a piece of white sail wrapped like second skin.

# Étreinte de la Lune

*C'est maintenant le moment de savoir
que tout ce que tu fais est sacré.*

—Hafiz

Nous avions partagé la côte du Maine en juin,
des sandwichs au homard, des spécialités de crêpes,
une chambre et sa baignoire d'antan à Bar Harbor
et des centaines de baleines.
Ces ombres forment à présent un cloître adoré,
gardien de la musique du temps.
Elle est partie par la force des circonstances.
Je rêve de lui offrir des fraises lors des lunes sacrées ;
guérie, je le suis, par la beauté des souvenirs,
prête à repartir comme si de rien.

# Twisting the Moon

*Now is the time to know
that all you do is sacred.*

—Hafiz

We shared the coast of Maine in June,
   hundreds of whales, lobster
      sandwiches, buttermilk pancakes
         and a room in Bar Harbor with antique tub.
They're now a cloister of shadows loved,
   goldsmith of the music of time.
      She left when circumstances met.
I dream of offering her strawberries on sacred moons,
   healed by the beauty of memories,
      ready to start over as if knowing nothing.

# Pantoum d'Ouranoupolis

*Un chant d'amour lancé dans les profondeurs de l'immensité*
—Carl Sagan

Elle m'apparut en rêve une nuit
luminescente, de blanc vêtue, allègre
bien plus jeune que dans mes souvenirs
bénissant mon retour à Chalkidiki.

Luminescente, de blanc vêtue, allègre
pour la première fois depuis son abrupt départ
bénissant mon retour à Chalkidiki
où les montagnes saintes s'étirent jusque dans la mer.

Pour la première fois depuis son abrupt départ
des monastères sculptés en haut des rochers défient soleils
et cieux. Les montagnes saintes s'étirent jusque dans la mer
trident ancré dans l'Égée.

Des monastères sculptés en haut des rochers défient soleils
et cieux en droite ligne jusqu'à Dieu
trident ancré dans l'Égée.
Elle m'a embrassée avec tant d'amour

en droite ligne jusqu'à Dieu
nous ne faisions qu'une.
Elle m'a embrassée avec tant d'amour
effaçant toute souffrance ou douleur à tout jamais,

nous ne faisions qu'une.
Fini le gâchis, finis les greniers de ces maisons vides
où souffrances et douleurs ont disparu à tout jamais.
Seul le bonheur et elle, la Mage fleur

# Ouranoupolis Pantoum

*A love song cast upon the vastness of the deep*
          —Carl Sagan


She came to me once in a dream
luminescent, clad in white, elated
so much younger than I ever knew her
thankful for my return to Chalkidiki.

Luminescent, clad in white, elated
for the first time since her abrupt departure
thankful for my return to Chalkidiki
where holy mountains stretch into sea.

For the first time since her abrupt departure
monasteries sculpted high on rocks lance skies and suns
where holy mountains stretch into sea
trident beckoning the Aegean.

Monasteries sculpted high on rocks lance skies and suns
direct line to God
trident beckoning the Aegean.
She embraced me with such love,

direct line to God
we were one.
She embraced me with such love,
pain or suffering never existed

we were one.
No resources wasted like bread in empty houses
where pain or suffering no longer exist.
Only bliss and she the flower Mage

fini le gâchis, finis les greniers de ces maisons vides
elle me réinvente en jardinière des souvenirs.
Seul le bonheur et elle, la Mage fleur
rosiers grimpant à nouveau le long de ma vie

elle me réinvente en jardinière des souvenirs.
Je me suis réveillée remplie de joie
rosiers grimpant à nouveau le long de ma vie
moi aussi mer, sable, brise et miel de pin.

Je me suis réveillée remplie de joie
et ces rayons d'amour et d'innocence
moi aussi mer, sable, brise et miel de pin,
transmuée tel un aperçu du présent.

Et ces rayons d'amour et d'innocence
bien plus jeune que dans mes souvenirs
transmuée tel un aperçu du présent
elle m'apparut en rêve une nuit.

no resources wasted like bread in empty houses
she makes me gardener of memories.
Only bliss and she the flower Mage
roses climbing back into my life

she makes me gardener of memories.
I wake with sheer joy
roses climbing back into my life
I too sea, sand, wind, and pine honey.

I wake with sheer joy
beams of love and innocence
I too sea, sand, wind, and pine honey
altered like a glimpse into now.

Beams of love and innocence
so much younger than I ever knew her
altered like a glimpse into now
she came to me once in a dream.

# II

*The forest knows where you are
you must let it find you.*
—DAVID WAGONER

*Then, from His place of ambush,
God leapt out.*
—RAINER MARIA RILKE

# Basse Altitude

*Là où il y a ruine, il y a espoir pour un trésor.*

—Rumi


Je vole à une altitude vertigineusement basse
Tu le sens au plus profond de ton âme
  et ta majesté me soulève
    comme le souffle de la terre
Je m'allège de toute tristesse
  telle est la puissance des tempêtes
Certaines choses sont trop sacrées
  pour être dites
Le temps se dérobe
J'ouvre les portes
   le temps s'arrête
Je vole à une altitude vertigineusement basse
et traque la musique dans une maison de miroirs
   à la recherche d'instructions
La clé réside dans les motifs
  que ma pensée magique refuse de reconnaître
Je peux disparaître
  comme les montagnes bleuissent sur l'horizon
ou me fondre dans une sublime virga
   Tu écoutes le silence
arraché aux cendres de sacrifices anciens
   Tu connais le pouvoir rédempteur
    de la beauté et de la bonté
et tu sais que vivre, c'est défier la douleur

# Low Altitude

*Where there is ruin, there is hope for a treasure.*

—Rumi


I fly at a delicately-low altitude
You feel it viscerally in your soul
 and your wingspan lifts me
  like earth's breath
I empty myself of sadness
  such is the power of storms
Some things are too sacred
 to be uttered
Time slips away
I open doors
  time stands still
Flying at a delicately low altitude
 stalking music in a house of mirrors
  I search for instructions
The key hides in the patterns
 my magical thinking refuses to acknowledge
I can disappear
 the way mountains turn bluer on the horizon
or a slow virga sublimes
  You listen to the silence
drawn on the ashes of ancient sacrifices
 know the redeeming power
  of beauty and goodness
and that to live is to persist in pain

# L'architecte galactique

Juchée en plein ciel à l'extrémité d'une échelle
je me suspends dans le vide.
Le bleu outremer est tout ce dont j'ai besoin.
Que la simplicité règne
et bâtisse un chalet pour que l'esprit
se repose et s'élève.
J'ai confiance, je suis maître de moi-même, en équilibre,
ma force au bout des doigts.
Des fantômes soutiennent mes puissantes racines,
les fondations d'un trône
pour explorer et défendre la ronde des mondes ;
je suis surprise de te trouver à mes côtés
illuminant ma vie.

# Galactic Architect

From the bottom rung of a ladder in the sky
I hang in the void.
Ultramarine is all I need.
Let it be simple,
build a cottage for the spirit
to rest and soar.
I trust, self contained, in equipoise,
resources at my fingertips —
deep-rooted ghosts supporting
the foundation of a throne
to explore and claim whole worlds —
surprised to find you here with me
lighting up my life.

# Aigle

Sur le mur du temps à venir
une fenêtre apparaît.

Je l'ouvre, laisse entrer les anges.

Le vortex logé dans son œil
me fait tournoyer hors de mon être,
l'infini contenu dans son iris bleu
se referme sur moi, me saisit

sous la forme d'un aigle, réveille
d'anciennes cicatrices, engloutit
et l'espace et l'amour pour s'évanouir
en un divin silence.

L'univers ne peut résister
à un tel poète.

# Eagle

On the wall of time to come
   a window appears.

I open it, let angels in.

The vortex in his eye
   spins me out of myself.
     Infinity held in blue iris
       closes around me, snatches

me in Eagle form, reawakens
   old scars, swallows
     space and love, dissolves
      into divine silence.

The universe cannot resist
      a poet like him.

# Rituel

*Ainsi, prieriez-vous les oiseaux aussi, consumé d'amour universel, comme transporté, vous les prieriez de vous pardonner vos péchés.*

—Fyodor Dostoyevsky

Je retrouve mon ami le goéland sur les rochers :
envoûtés par l'océan, nous partageons ce rituel.
Je sens le vent à travers mes cheveux
m'aimer comme  jamais.

Il ne cesse de me réveiller, persifleur,
soufflant ton écho dans la nuit.
Seulement moi et le temps, c'est tout.
L'éternité avalée comme ça.

Comme je disparais dans tes yeux.
Tes mots vibrent dans mon sang,
je pourrais te lire à l'infini,
espoir d'une route sans fin.

Ta douceur et ta force sont irrésistibles —
Le chasseur et le traqué ne font qu'un —
La beauté coule à travers toi, me bouleverse
et m'enchante à la folie.

Des centaines d'oiseaux remplissent le ciel
pour voir le soleil se dérober, le jour s'éteindre
pendant que ton sourire éclipse la lumière,
consume le sortilège et fait naître le songe.

# Ritual

*Then you would pray to the birds too, consumed by an
all-embracing love in a sort of transport, and pray that
they too will forgive you your sin.*
                                        —Fyodor Dostoyevsky

I meet my friend the seagull on the rocks:
mesmerized by ocean, we share this ritual.
I feel wind through my hair
adore me like never before.

It keeps waking me, taunting
me, blowing love's echo in the night.
Just me and time is all it takes.
Eternity swallowed that simple.

How I disappear in azure eyes.
Words pulsate in my blood,
I can read ad infinitum,
wishing the road never ends.

Softness and power I cannot resist —
hunter and hunted in one —
beauty flows through you, overwhelms
and delights me to insanity.

The sky fills with hundreds of birds
who witness the sun steal away, the day die
as your smile eclipses the light
and turns the dream into a spell.

# Galahad

J'ai saisi l'épée, l'ai couchée sur le lit
et j'ai dit, je m'en vais.
À cheval, sous la pluie, je bénis le passé.

Tous les dragons sont sublimes,
ont magnifié ma vie, une pure œuvre d'Art.
Au hasard d'une rencontre dans les bois,

le songe, délicat, puissant et violent,
a l'inouï talent de guérir.
Ô je suis Galahad et n'ai nul besoin de chercher.

Il porte le faucon sur le bras,
vise droit au cœur,
fait mouche et, en moi, fait jaillir l'extase

et les larmes aussi. En quête de réponses,
je scrute les vagues se soulevant
tels des fantômes. Le dauphin

bondit d'un nuage, me guide
parmi les baleines, dans l'incessant océan
capable de réenfanter, le regard

de Galahad rivé sur moi.
Le faucon revient et dit,
*vole à mes côtés, laisse le vent t'emporter.*

# Galahad

I took the sword, lay it on the bed
and said, I'm walking away.
Riding horses in the rain, I bless the past.

All dragons become sublime fragments
of life, artwork. A chance
encounter in the woods, delicate,

potent and violent, the dream
a gift of healing. Oh I am
Galahad and don't need to search.

He carries the falcon on his arm,
aims straight for the heart, hits
precisely in the center and leaves me

between tears and ecstasy. I scrutinize
waves for answers: they raise
themselves like ghosts. Dolphins

jump out of clouds, guide me
among whales through incessant
oceans of transformation,

Galahad's eyes reigning over me.
Falcon returns and says, fly
*with me, let the wind claim you.*

# Météore

Une femme magique, intemporelle,
    née de la roche,
        tient un morceau de miroir
            en forme d'étoile.

Il me renvoie qui je suis
    et ne réfléchit rien.
        Je veux trouver mon gite,
            féconder un nid prolifique,

que la roche révèle la secrète
    mémoire de l'univers.
        La vie réussit bien mieux sur le tard,
            tel le cactus qui finit enfin par fleurir,

Cadeau du ciel, aimant fatal,
    refus de rendre les armes
        même si tout semble perdu,
            l'esprit résolument rivé vers l'infini.

# Meteor

A timeless magical woman
   born from rocks
      holds a shard of mirror
         the shape of a star.

It shows me who I am
   and reflects nothing.
      I want to find home,
         pollinate an expansive nest,

to reveal the hidden
   memory of the universe.
      Life works out better later
         like a cactus eventually blooms,

celestial gift, irresistible magnet,
   refusal to stop playing
      when all seems lost,
         mind focused on infinity.

# Le temps retrouvé

Te souviens-tu
quand tu étais loup et moi faon
quand tu étais une mouche prisonnière de ma toile
quand tu étais serpent et moi ourse,
te souviens-tu comme nous nous sommes enchantés
à travers les siècles,
dévorés l'un l'autre,
transformés l'un en l'autre ?
Te souviens-tu
quand tu étais aigle et moi jaguar,
quand nous étions deux dauphins s'embrassant
ou des couguars sous la pluie
si bien que maintenant nous ne pouvons nous distinguer
l'un de l'autre, nos cellules enchâssées
dans une tapisserie de vies partagées ?

# Time Remembered

Do you remember
when you were wolf and I fawn
when you were a fly caught in my web
when you were snake and I bear
remember how we enchanted
each other through centuries
devoured one other
became the other?
Do you remember
when you were eagle and I jaguar
when we were two dolphins kissing
or cougars in the rain
so that now we can't tell one
from the other, our cells imbedded
in a tapestry of shared lives?

# Un Esprit comme l'Éclair

*Les étoiles griffonnent dans nos yeux les sagas glaciales,*
*les chants embrasés de l'espace inconquis.*

—Hart Crane

Sans pesanteur
   je vole en éclats,
      en mille morceaux scintillants —
étoiles échues, collisions de lumières —
   je métamorphose tout.
Je me proclame être océan, mercure, reflets
   d'argent, contes de fées, fascinée.
Cette singulière atmosphère séduit,
   modifie nos consciences,
      renouvelle nos sangs et
         les fait monter à la tête.
Laisse ton prochain horizon t'appeller,
   esprit-éclair, poète prospère,
duelliste sans combat,
   dans l'étreinte du lac, à son écoute.

# A Mind Like Lightning

*Stars scribble in our eyes the frosty sagas,*
*the glowing cantos of unvanquished space.*

—Hart Crane


Without gravity
    I fly into a thousand pieces,
        add sparkle to various reflections —
fallen stars, colliding lights —
        transform particles, waves, and dark matter.
I become ocean, mercury, silver
    shimmers, fairy tales, fascinated.
The strangeness of this atmosphere
    seduces, shifts consciousness,
        shapes bloodstreams,
           provokes a rush.
Let the next dimension pull you,
    lightning-mind, prosperous poet,
duellist without a fight.
    Let the lake talk, embrace it.

# Chrysalide

Nous avons reçu un cœur pour partage,
merveilleux calice à savourer.
Je me déchire de l'intérieur,
chrysalide ouvrant mes ailes,
garnie de créatures marines,
digue prête à se fendre.
Les cycles éoliens carillonnent,
ineffable dévotion, réconfort de l'âme.
Je cherche d'anciens remèdes, à l'affût d'un serpent
déroulé le long de mon épine dorsale et sa tête
surplombant la mienne pour me guider, demi-lune
pendue dans le ciel pour calmer mon esprit loquace.
L'énergie pure, joyau surgi du néant,
serpente en émoi cosmique,
séduisante métamorphose dissipant les obstacles.

# Chrysalis

We are given a heart to share,
wondrous chalice to savor.
I tear myself from the inside,
chrysalis unfolding wings,
full of oceanic creatures,
dam about to burst.
Eolian waves chime
ineffable devotion to comfort the soul.
I seek ancient remedies, a snake
unwrapped along my spine, its head
in back of mine for guidance; half moon
dangles in night to quieten loquacious mind.
Pure energy, jewel created ex nihilo,
meanders into cosmic commotion,
overcoming obstacles, enticing transformation.

# Dans le néant

Je compte
les années de ma vie et j'effeuille
un à un les pétales d'une marguerite.
Je compte
tout ce qui a déserté ma vie
et je souffle des baisers au gré du vent.
Peut-être que si je pleure de tout mon corps
ce qui jamais ne sera,
j'aurai le talent de vivre
ce qui adviendra.
Et si je puis abandonner
ce qui, jamais, ne fut à moi,
peut-être vivrai-je
ce que, jamais, je n'ai rêvé.

# In the Nothingness

I count
   the years of my life,
      plucking daisy petals.
I count
   the losses of my life,
      blowing kisses in the air.
Perhaps if I cry my tears away
   for what will never be,
      I'll still live
         what may become.
And if I give up
   what I never had,
      I'll experience
         what I never dreamed.

# III

*And I say unto you one must still have chaos in oneself
to be able to give birth to a dancing star.*

—FRIEDRICH NIETZSCHE

*For me there is only the traveling on paths that have heart,
on any path that may have heart...
And there I travel, looking, looking breathlessly.*

—CARLOS CASTANEDA

*and the mystery itself is the gateway to perception.*

—LAO TZU

# La pensée Divine est suprenante

Nous sommes, ma mère et moi, deux cygnes entrelacés.
Nous présentons sur le théâtre du monde notre lien,
notre intimité. Notre attachement est éternel.
La mise en scène est d'ordre Divin.

Elle et moi sommes enchassées,
nous sommes une chorégraphie, une danse, la beauté.
Ensemble nous formons un tout, un cœur, un ange aussi.
En notre sein réside un plateau

Que la vie garnira.
Nous créons et célébrons toutes les raisons ;
la parfaite fusion de notre vérité est miracle,
une offrande. Nous avons inventé le temps.

Plus nous le faisons disparaître,
plus nous nous rapprochons du Divin.
Je comprends la nature des plantes,
je sais vivre du terroir et de la pluie.

Avant, j'étais fleur.
J'aime devenir animal,
dévorer qui j'étais.
La terre ne me trahit jamais.

# How God Thinks Is Surprising

My mother and I are two swans intertwined.
We show the world stage our connection, our closeness.
The bond never fades. God is director of the play.

We're part of each other,
a continuation of movement, dance, beauty.
Together we form a whole, a heart, an angel.

Our core holds a plate to be filled with life.
We create and celebrate every reason,
the symmetry of our truth a vision, an offering.

We invented time.
The more we make it disappear,
the closer to God we grow.

I understand the nature of plants,
living off the land and rain.
I used to be a flower.

I like morphing into an animal,
devouring who I was.
The earth never fails me.

# C'est comme ça

Tel le fou aux pieds bleus volant
sous le vent à l'abri de la pluie,
je voyage sur la route de feu
et juche sur la roche qui soutient mon esprit.
À Cusco, au Pérou, je tiens le ciel dans mes mains
et pénètre dans la gueule du Puma,
entre ses dents, jusque dans sa tête.
Des milliards d'étoiles vibrent
au rythme d'un langage éternel.
J'entends l'écho de la voix de ma mère
me susurrant, *tu es toute la lumière*
*qui a rempli ma vie.*
À travers mon odyssée pour un lieu de repos,
j'ai foi que je trouverai ce qu'il me faut,
une mer ancienne parsemée de récifs de corail,
la promesse d'un nouveau départ,
un sanctuaire bâti par Dieu, un coin juste pour nous
avec des oies sauvages et des roseaux en abondance.

# C'est comme ça

Like a pelagic blue-footed booby
flying through Patagonian rain shadow,
I travel over the fire road
to perch on the rock that bears my spirit.
In Cusco, Peru, I hold sky in my hands,
enter the mouth of the Puma
between his teeth, into his head.
Billions of stars vibrate
a rhythmic timeless language.
I hear my mother's voice echo
*you're all the sunlight*
*that's ever been in my life.*
In my odyssey for a place to rest,
I trust I'll find what I need,
an ancient sea full of coral reefs,
the promise of new beginnings,
a sanctuary built by God, a spot just for us
with wild geese and boundless reeds.

# Ex Tempore

Rien ne se compare à la mort.
Aux urgences, une chambre remplie de substances
volatiles, du haut de la splendeur verdoyante
du Mont Valérien, dominant Paris avec sérénité,
mon frère flotte entre deux mondes,
son cerveau inondé de sang.

Je médite le mystère de l'évolution des fleurs,
les soixante-deux somptueuses lunes de Saturne,
les anneaux de Jupiter et orages uraniens,
tandis que l'avenir de mon frère demeure incertain
et que nos âmes fusent dans une poussière d'éternité.
Ce qui se passe ici ne s'oubliera pas.

Jour après jour, je conduis le long de la Seine
et le regarde fixement respirer à travers le tube —
presque étranger, pourtant plus proche que jamais.
Alors que l'automne s'intensifie, il vit des vies parallèles.
Contrairement à son corps, il semble en paix.
Ma seule pensée est, *s'il te plaît Dieu, sauve-le.*

# Ex Tempore

Nothing compares to death.
In intensive care, a room filled with volatile
substances atop the verdant splendor
of Mont Valérien, calmly overlooking Paris,
my brother lies between worlds,
his brain flooded with blood.

I ponder the mystery of the evolution of flowers,
Saturn's sixty-two sumptuous moons,
Jovian rings and Uranian storms,
while my brother's future remains uncertain,
our souls fused in a speck of eternity.
What happens here will not be forgotten.

Day after day I drive along the Seine
to stare at him breathe through tubes —
almost strangers, yet closer than ever.
As autumn deepens, he lives parallel lives.
Unlike his body, he seems at peace.
All I can think is, *please God spare him*.

# Pierre

*Nous étions ensemble. J'oublie le reste.*
—Walt Whitman


Comment reconnais-tu les vivants
   des morts
    des fantômes
     des dieux ?

En Crète on a érigé une statue à l'effigie de mon grand-père.

 Il voulait seulement des fils.

Nous avons la même oreille pour ressentir
   les os dans le vent
    et faire exploser le soleil.

# Stone

*We were together. I forget the rest.*
　　　　　—Walt Whitman

How do you know the living
　　　from the dead
　　　　　from the ghosts
　　　　　　from the gods?

In Crete they erected a statue of my grandfather

　　who wanted only sons.

We have the same ear for reading
　　　the bones in the wind
　　　　　and breaking down the sun.

# Patience

La gratitude frappe à ma porte, fait fondre l'armure.
Ma mère m'attend dans le jardin d'herbes sauvages,
Maîtresse du temps et de l'espace,
Témoin silencieux, allure éolienne, tourbillon dévoué.

Ma mère m'attend dans le jardin d'herbes sauvages,
Magnifique, consulte l'univers,
Témoin silencieux, allure éolienne, tourbillon dévoué,
Son corps auréole blanche.

Grandioses, consultant l'univers,
Les souvenirs envahissent le paysage couleur de thé,
Leurs corps auréoles blanches
Glissent sur la douceur du bonheur.

Les souvenirs envahissent le paysage couleur de thé,
Innovant, ils se font loups,
Glissent sur la douceur du bonheur,
Retrouvent leur meute, museaux excentriques.

Innovant, je me fais loup
Puis cheval fusionnant en léopard,
Je retrouve ma meute au museau excentrique
Bondissant dans le monde.

Un cheval fusionnant en léopard,
La gratitude frappe à ma porte, fait fondre l'armure,
Bondit dans le monde,
Maîtresse du temps et de l'espace.

# Patience

Gratitude knocks at my door, melts the armor.
My mother waits in the wild grass garden,
Broker of time and space,
Silent witness, allure like wind, billowing devotion.

My mother waits in the wild grass garden,
Consults the universe, magnificent,
Silent witness, allure like wind, billowing devotion,
Halo of white for body.

Consulting the universe, magnificent,
Memories waft in the tea colored landscape,
Halo of white for body,
Glide from the sweetness of joy.

Memories waft in the tea colored landscape,
Innovative, transform into wolves,
Glide from the sweetness of joy,
Find their pack, eccentric muzzles.

Innovative, I transform into a wolf
Now horse merging into leopard,
I find my pack, eccentric muzzle
Leaping out into the world.

Now horse merging into leopard,
Gratitude knocks at my door, melts the armor,
Leaping out into the world,
Broker of time and space.

# Le cheval d'hiver

*Quelle sorte de cheval ?*
*Un cheval miraculeux.*

—Steven Spielberg

Je rêve pour vivre —
lueur aux confins de la vie,
horloge à plusieurs mains,
chaman traversant des mondes différents.
Je navigue le possible, capitaine musicienne.
Suis-je un fantôme ?
Je suis la route
jusqu'à toucher l'horizon.
De l'autre côté du monde,
ma mère me souffle le chemin à l'oreille.
Les rayons de la roue se desserrent,
pris dans un tourbillon de pensées
contenant l'entière humanité.
C'est épanouie que j'apparais au pays
des ombres, solide cheval d'hiver.

# Winter Horse

*What kind of a horse?*
*A miraculous kind of horse.*

  —Steven Spielberg

I dream for a living —
glimmer at the edge of life,
a clock with many hands,
shape-shifter moving through different worlds.
I sail on the endeavor, captain musician,
not knowing whether I'm a ghost.
I take the road
to the end of the skyline.
My mother blows directions in my ear
from the other side.
The spokes of the wheel loosen
amidst thoughts like windstorms
containing all humanity.
I manifest fulfilled in the land of shadows,
resilient winter horse.

# Jean Cocteau dévoilé

Je m'échappe de peintures sur bois, enlevée
par une panthère, illusionniste rapace.
Son pas sensuel ondule mon habit de brume.

L'orage cannelle tisse des licornes
en cavale, parfume les nuages aux senteurs
de cardamome, excite la peau,

illumine la lune aux confins de l'esprit,
envoie grêle et neiges par grands coups de canon.
Ô si sauvage où nous vivons.

# Unveiling Jean Cocteau

I emerge from painted panels
astride a panther, rapacious illusionist
rippling through mist, a sensual robe.

The cardamom storm weaves stampeding
unicorns, perfumes clouds in cinnamon
quickening the skin,

unsettles the moon at the edge of the mind,
flings hail and sleet in great spears,
reminds me it's a wild place we inhabit.

# Musica Eterna

*Nous avons atteint la rive*
*où tout est musique.*

—Rumi

Sommes-nous toujours aussi fascinés par les légendes ?
   Si elle te rencontrait sur *el camino*, guérisseuse
      résidant au cœur de la compassion, jouant

avec le sourire des messages de Paix sur le clavier,
   époussetant la bibliothèque de ta vie, sifflant
      suis ta plume, tu es un chant ?

Je souffle mes vœux dans l'univers, cape
   céleste, modèle pour assujettir
      les démons et contenir la vérité.

Surprise par ma nature de terre lunaire
   couverte de forêts anciennes,
      je mue en serpents qui volent,

pélicans qui se côtoient
   à l'affût de vues expansives,
      armoiries couronnées de colombes

et au centre le caducée, identité
   à double fond, partition de magicien,
      telle une eau venant de jaillir des mains.

# Musica Eterna

*We have fallen into the place*
*where everything is music.*

— Rumi

Are we always more fascinated by legend?
　　What if myth meets you en *el camino*, healer
　　　　in the heart of compassion, peacemaker

smiling its message on piano keys, dusting
　　the bookcase of life, whistling
　　　　follow your pen, be a song?

I blow wishes into the universe, celestial
　　cape, matrix to subdue
　　　　demons and possess truth.

Surprised by my lunar earth nature,
　　inhabited by ancient forests,
　　　　I molt into flying serpents,

pelicans touching wings,
　　magnets of expanded vistas,
　　　　a crest crowned by doves,

in its center the caduceus,
　　entwined identity, magician's score,
　　　　water weeping out of hands.

## Jeux d'esprit

Dans le rêve, nous sommes deux,
nous rattrapant sans cesse,
l'un curieux, d'esprit vulnérable,
poursuivant l'autre, parfait, d'esprit
invincible, éternellement ébloui
par ses acrobaties, sa nature surhumaine,
tournoyant sous le vent des rives lunaires.

# Mind Games

In the dream two of me
catch up with each other,
the first, curious, vulnerable mind
pursues the other, flawless, invincible
one, forever awed
by its acrobatic, superhuman nature,
swirling on the lee shores of the Moon.

# IV

*A gate of dreams ajar on mystery's edge*
—SRI AUROBINDO

*You and I have spoken all these words,*
*but for the way we have to go,*
*words are no preparation.*
*There's no getting ready,*
*other than grace.*
—RUMI

*so we live here, forever taking leave.*
—RAINER MARIA RILKE

# Entre Klimt et Giacometti

Une pièce hantée de tableaux
s'empare de mon esprit, leurs vies fluides et
imprévisibles, le secret qu'elles renferment
et qui fascine, l'esthétique innée de Klimt.
Exposés linéaires et atones,
l'essentiel du message se transmet spontanément.
Sombres formes des yeux, dessin des lèvres
tracé et commissures relevées, cils
et iris liés, fusain prêt à trébucher
tel un Giacometti. Éloquence diffuse et flou
artistique rehaussent l'anatomie, accordent
une certaine puissance à la créativité.
Chaque mur est un nouveau départ.

# Between Klimt and Giacometti

A room haunted by paintings
seizes my mind, fluid unpredictable
lives, their secret eliciting
attention, Klimt's innate aesthetic,
linear statements without tonality.
Their spontaneity transmits essential wisdom.
Dark eye shapes, dominant lip lines, upturned
corner of mouth, eyelashes and iris
connected, vine charcoal ready to tumble
like a Giacometti. Soft focus and impressive
looseness enhance anatomy,
allow latitude for creativity.
Every wall is a beginning.

# Trait de lumière

Sourire au coin des lèvres
  mon visage tel un tournesol
    dans un jardin arboré

Les yeux de la mouette s'entrouvrent
  Choisis ton rivage
    larmes serrées au fond de la gorge

Debout dans la posture *tadasan*
  respire la flamme de l'esprit
    change de réalité

J'ai perdu la tête
  à me pendre dans le vide
    Une voix franchit la porte

trait de lumière
  Le doigt de Dieu dans les écueils
    console mes tempêtes intérieures

# Shalf of Light

Smile behind the lips
    my face a sunflower
        in a garden of trees

The eyes of the seagull open
    Choose your beach
        tears caught in the throat

Stand in mountain pose
    breathe the flame of the ghost
        a shift in reality

I dropped my mind
    hanging in the void
        A voice enters

shaft of light
    God's finger in the shallows
        consoling my inner weather

# Illusionistes

Il était une fois une ensorceleuse
qui possédait deux pierres.
L'une vous révélait si une personne
ou une situation vous seraient bénéfiques,
l'autre vous endormait.
Elle me donna la pierre de l'ignorance
et rendez-vous aussi.
Cependant je découvris la supercherie.
Comme la pierre reconnut mon âme
et que je reconnus la sienne, elle me donna
la chance d'acquérir son double.
Ainsi lorsque je revis la dame,
je pus les échanger à son insu
et je gardai la pierre de la connaissance
pour son pouvoir de protection et de lucidité.

# Tricksters

There once lived a witch
who possessed two stones.
The first revealed whether a person
or situation was beneficial,
the second made you sleepy.
She gave me the stone of unknowing
and an appointment.
But I discovered her ploy.
For I saw the stone's spirit
as it too saw my spirit and offered
me the choice to acquire its counterpart.
So when I encountered the lady again
I switched them unbeknownst to her
and kept the stone of discerning
for its gifts of protection and clarity.

# L'Univers Stupéfait

Je suis née avec Lilith, la Lune noire,
Messager et Guerrier côte à côte.
Il pleut fort à Paris : le son percussif
transperce l'illusion — ma maison, un temple
ou une péniche enchantée, le verglas
gelant les abords de la vie. Dès que mon souffle
épouse les battements de mon cœur,
j'habite les mondes inconnus.
Je veux mourir de manière remarquable,
devenir mon double sorti de l'abîme,
pénétrer l'univers parallèle en harmonie, cette fois.

# The Astonished Universe

I am born with the Black Lilith Moon,
Messenger and Warrior side by side.
It rains hard in Paris: the percussive
sound cuts through illusion — home
a temple or enchanted barge, ice
forming on the edges of life.
As breath and heartbeat synchronize,
I inhabit unknown worlds. I want
to die remarkably, become my twin
pulled from the abyss, enter
the parallel universe, realigned.

# Caverne Neptunienne

Je m'attache aux choses pour vivre
    comme la pénombre découle de la lumière.
Je les laisse venir à moi, il me faut du temps
    pour me défaire de principes.
Voyager à bord d'une montgolfière m'émerveille,
    trouver ma place dans ce monde aussi.
Chaque jour prépare à la mort.
    Je laisse les chemins se chevaucher,
formule magique qui engendre le désir
    et nous rend visibles ou invisibles.
Quitter le rêve est imperceptible, soupir
    sur un instrument à vent. J'atteins le fond
de l'océan et en ramène le corail, fleur
    animale me déployant pour prospérer.
Des orages grondent à la proue
    et me forcent à rester calme,
        dans l'attente de la pluie.
Nourris-toi des sédiments précieux de la rivière,
    grave et brûle les ombres dans la terre,
        sculpte des silhouettes, fantômes de boue.
L'art est un éternel renouveau, la manière
    dont nous choisissons de nous exprimer
        et de suivre les instructions divines.

# Neptunian Cavern

I get attached to things to live
    the way darkness gets attached to light.
I let them come to me
    it takes time to remove assumptions.
I marvel at travels in air balloons, finding
    my place in the world.
Every day prepares for death.
    I let paths overlap, a magician's
recipe to produce desire, become
    visible or invisible. Leaving the dream
is imperceptible, a whisper on a stringed
    instrument. On the ocean floor
I retrieve coral, animal
    flower extending myself to thrive.
Storms brew at the prow,
    force me into stillness,
        longing for rain.
Feed from the river's precious sediments,
    burn shadows on the ground,
        carve ghost figures out of mud.
Art is perpetual rebirth, the way
    we choose to express ourselves,
        the way we receive counsel from God.

# En quête d'immortalité bienveillante

*Quelqu'un que j'aimais m'a, un jour,*
*donné une boîte remplie de ténèbres.*
*Il m'a fallu des années pour comprendre*
*que cela aussi était un cadeau.*

—Mary Oliver

Ma mère a tant sacrifié.
J'essaie de retisser les liens défaits,
d'éclairer l'abri du passé.
Nous avions entassé des vies entières dans des valises
à la recherche de ce qui nous choisit,
ce qui demande à remonter à la surface,
ce qui a besoin d'être dit.
Nous avions tellement de rêves
nous ne savions qu'en faire.
Ainsi donc, armée d'oreilles léopardines,
entends-je au delà des limites du son,
l'ineffable, le sublime, le souffle de ma mère,
le sourire de ma grand-mère, les voix
ancestrales qui apaisent et soulagent le chagrin.

# In Search for Benevolent Immortality

*Someone I loved once*
*gave me a box full of darkness.*
*It took me years to understand*
*that this too, was a gift.*

—Mary Oliver

My mother sacrificed so much.
I try to mend fractured relations,
let light flicker into the sheltered past.
We packed whole lives into bundles
in search of what chooses us,
what wants to come back to the surface,
what needs to be said.
We had so many dreams
we didn't know what to make of them.
And so with leopard's ears
I hear beyond the range of sound
the ineffable, the sublime, my mother's
breath, grandmother's smile, ancestors'
voices, to soothe and heal the sorrow.

# Shuriken

Son âme dénuée de forme, demeure propice,
    occupe tout l'espace qui m'entoure
        se propage, empreinte de douceur,
            me berce et m'apaise.

Le cœur, force qui unit toute vie,
    arme étoilée à capturer les rêves,
        mandala qui dépasse l'imagination,
            annonce l'avenir.

Il découvre la lune à la lisière du monde,
    brumes ascendantes, oracles parfumés,
        ses yeux de coyote : une invitation, remède magique.
            Écoute la musique du vent,

danse indomptée, cérémonielle.
    Pénètre le temple de bouleaux,
        myriade de feuilles scintillantes,
            pyramides de cristal et lumière,

étincelles électriques stimulant l'inconscient.
    Dresse l'esprit comme un cheval,
        observe tes pensées, saisis le sabre
            pour en trancher quelques unes.

# Shuriken

His soul a shapeless, auspicious abode
    takes all space around me,
        percolates with a tinge of sweetness,
        lulls me into stillness.

The heart, power that binds all life,
    star weapon to capture dreams,
        mandala beyond imagination,
        beckons the future.

He finds the moon at the rim of the world,
    mists rising, fragrant oracle.
        Coyote eyes invite healing and magic.
        Hear the music of wind

untame dance and ceremony.
    Enter the temple of aspens'
        myriad glistening leaves,
        light crystal pyramids.

Electrical sparks stimulate the unconscious.
    Train the mind like a horse,
        observe thoughts, take the sword
        and sever some.

# Tambours distants

Dans le vide sacré j'habite
la partie ancienne de la psyché.

La sagesse — cette femme débridée,
sœur des océans,  en symbiose avec leurs forces
amniotiques — observe le monde au lieu de penser,
enfantine, émerveillée, alors que l'esprit,
tel l'artisan, mûrit en quête de mémoire émotive.

Il n'y a rien à faire.
J'oscille telle l'herbe dans le courant de l'eau,
mi-poisson pourfendant les rayons verts pourpres.
Suis le cours du fleuve, le cœur à nu,
protégé, l'amour un absolu auquel je n'échappe pas.

Abandonne toute illusion tandis que les vents dispersent
les partitions de musique parmi les fraisiers en fleurs.

# Distant Drums

In the sacred void I inhabit
the ancient part of psyche.

Wisdom — unbridled woman in rhythm
with the amniotic tug of oceans —
looks at the world instead of thinking,
childlike, full of wonder, the mind
a craftsman in need of emotional memory.

There is nothing to do.
I oscillate like grass in water, half fish,
through green purple rays. Flow
with the river current, the heart raw
yet protected, love an absolute I cannot fight.

Surrender all illusion, let sheet music be blown
by winds amid strawberries in bloom.

# À mes funérailles

*Rien ne naît ni périt, mais ce qui existe déjà*
*fusionne et se sépare à nouveau.*

—Anaxagoras

Quelqu'un parle à mes funérailles
mais je ne suis pas morte.
Tout le monde aime l'oraison funèbre,
personne ne s'en lasse.
Ce n'est pas triste.
Toute cette eau vient de nulle part,
se mélange à l'air.
La fluidité me transforme de solide
en liquide en éther et vice versa.
Les chats flânent dans une brume de condensation.
Je me revois les chercher
car les retrouver signifie
que la mort n'existe pas.

# At My Funeral

*Nothing is born or perishes, but already*
*existing things combine, then separate anew.*

—Anaxagoras

Somebody speaks at my funeral
but I am not dead.
People love the eulogy,
can't get enough.
It isn't sad.
Water floods out of
nowhere, mingles with air
and the fluidity converts me from solid
to liquid to ether and back.
Cats saunter in the condensation.
I see myself looking for them.
Finding all the cats means
there is no death.

# Envoûtée

Endors-toi à l'orée du lac
ce soir, sans frontières, comme une fée.
Je suis le chant de l'aigle, l'appel, lumière
défiant la pesanteur, celle avec qui tu cueilleras
les étoiles, l'erreur sur la personne, larmes
transformées en poissons dans l'air, force
qui propulse vers l'avant, proclame
qui je suis avec un passeport divin, une volonté
explosive, des mots en guise de balles. Je t'offre
tout : poussières d'étoiles, silence, la grâce espiègle
et des flûtes comme le vent —
malicieuse, convenable ou pas, extirpée
hors de moi-même dans le sortilège.
J'exige l'impensable.
Je me déplace si vite, essoufflée, délicate
création. Je marche à quatre pattes,
étirée, ni humaine ni animale,
créature que seule la magie dévoile.

# Spellbound

Fall asleep at the lake
tonight, no boundaries, like a fairy.
I am the eagle song, a calling, light
defying gravity, someone to steal
horses with, a case of mistaken identity,
tears transforming into fish in the air,
a force that propels forward, proclaims
who I am with a passport from God,
Her will an explosion, with bullets
for words. I offer you everything:
stardust, silence, impish grace
and flutes like birdsong — mischievous,
good and bad, pulled out of myself into
the spell. I ask the unthinkable.
I move so fast, breathless, delicate
craftsmanship. I walk on all fours,
elongated, neither human nor animal,
a creature you only see in magic.

A citizen of the U.S., France & Spain, HÉLÈNE CARDONA'S most recent books are the Award-Winning *Dreaming My Animal Selves* (Salmon Poetry), Hemingway Grant recipient *Beyond Elsewhere* (White Pine Press), her translation of Gabriel Arnou-Laujeac, and *Ce que nous portons* (Éditions du Cygne), her translation of Dorianne Laux. She also translated Walt Whitman's *Civil War Writings* for the Iowa International Writing Program's *WhitmanWeb*. A Romanian translation of *Dreaming My Animal Selves* was published by Junimea Editions in 2016. Her own work has been translated into Arabic, Chinese, Hindi, Italian, Japanese, Korean, Macedonian, and Spanish.

She wrote her thesis on Henry James for her Master's in American Literature from the Sorbonne, taught at Hamilton College & Loyola Marymount University, and received fellowships from the Goethe-Institut & Universidad Internacional de Andalucía.

She co-edits *Plume*, *Fulcrum: An Anthology of Poetry and Aestehtics*, contributes essays to *The London Magazine*, and is co-producer of *Pablo Neruda: The Poet's Calling*. Publications include *Washington Square*, *World Literature Today*, *Poetry International*, *The Warwick Review*, *Irish Literary Times* & elsewhere.

Hélène had roles in *Chocolat*, *The Hundred-Foot Journey*, *Jurassic World*, *Dawn of the Planet of the Apes*, *Spy*, and *Mumford*. For *Serendipity* she co-wrote with director Peter Chelsom & composer Alan Silvestri the song *Lucienne*, which she also sang.